글쓴이 파트리크 알렉산더 바오이에를레
독일의 유명한 분자생물학자이자 생의학자예요. 독일 뮌헨 대학교에서 생물학으로 박사 학위를 받았어요. 프라이부르크 의과대학에서 학생들을 가르쳤고, 마르틴스리트 유전자센터에서 유전자 조절 단백질인 NF-kappa B에 관한 중요한 연구를 했어요. 지금은 항암 치료 연구에 힘을 쏟고 있어요.

글쓴이 노르베르트 란다
독일의 작은 마을인 아우겐에 살고 있어요. 기자로 활동했으며 요즘에는 어린이들을 위한 책을 많이 쓰고 있어요. 우리나라에 소개된 책으로는 『산타클로스 할아버지 어디 계세요?』, 『예수님 부활 이야기』, 『노아 이야기』 등이 있어요.

그린이 구스타보 마살리
학교를 졸업하고는 회사에서 평범하게 일하다가 그림 그리기가 정말 하고 싶은 일이라는 걸 깨달았어요. 그래서 1998년 이후로 교과서나 어린이를 위한 문학 작품에 그림을 그리고 있어요. 우리나라에 소개된 책으로는 『삐뽀삐뽀 태엽 소방차』, 『여호수아와 약속의 땅』, 『다윗과 이스라엘 왕국』 등이 있어요.

그린이 안토니오 무뇨스
스페인 바르셀로나에서 태어났어요. 독학으로 그림을 배운 뒤 출판과 광고 분야에서 프리랜서 작가로 20년 넘게 일했어요. 『해부학 아틀라스 Atlas De Anatomia』, 『자연과학 Natural science』, 『생물학과 지질학 Biologia y geologia』 등에 그림을 그렸어요.

옮긴이 권지현
한국외국어대학교 통역번역대학원과 파리 통역번역대학원에서 번역을 공부했고, 지금은 이화여대 통역번역대학원에서 번역을 가르쳐요. 어렸을 때부터 책을 좋아했고, 지금도 보물찾기처럼 외국의 좋은 그림책을 찾아내서 번역하는 일이 가장 좋아요. 옮긴 책으로는 『한 권의 책으로 세상을 바꾸었어요』, 『아나톨의 작은 냄비』, 『우리가 몰랐던 여행 이야기』 등이 있어요.

생명탐험대 2

신비로운
X 염색체 Y 염색체

파트리크 알렉산더 바오이에를레 · 노르베르트 란다 글
구스타보 마살리 · 안토니오 무뇨스 그림
권지현 옮김

안녕하세요? 진 박사입니다.
신비로운 유전과 성장의 세계로
함께 떠나 볼까요?

씨드북

우리 몸은 세포로 이루어졌어요

인간은 서로 외모도 많이 닮았고 행동도 비슷해요. 우리는 이 세상에서 엄마 아빠, 그리고 할아버지 할머니를 가장 많이 닮았어요.

생명체는 수많은 작은 세포로 이루어져 있고, 모든 세포의 기본적인 생김새와 역할은 비슷해요. 세포는 생명을 유지하고 다른 세포들과 협력하는 데 필요한 것을 만들어요.

100조 개에 달하는 인간의 세포는 현미경 없이는 볼 수 없어요. 세포들은 우리 몸 안에서 바쁘게 움직여요. 다양한 종류의 세포가 서로 다른 역할을 하지만 함께 일하면서 우리를 성장시키고 생명을 유지하게 만들어요. 우리가 한 사람 한 사람 다 다르면서도 노래하고 밥을 먹고 뜀뛰기를 하는 공통점이 있는 건 다 세포 덕분이에요.

세포는 어떻게 자기가 할 일을 아는 거죠?

세포 안에 해야 할 일을 적어 놓은 지시 사항이 들어 있기 때문에 가능한 거예요. 이 지시 사항을 유전자라고 하지요. 강아지의 세포는 인간의 세포와 매우 닮았어요. 하지만 강아지의 유전자는 강아지를 강아지답게 만드는 일을 시킵니다.

세포는 어떻게 유전자를 얻어요?

우리의 생명은 엄마의 자궁에서 생겨난 최초의 세포인 수정란으로 시작해요. 우리 몸을 구성하는 세포의 유전자는 모두 수정란에서 온 거예요. 수정란은 계속 수를 늘려서 우리 몸에 있어야 하는 여러 종류의 세포를 만들어요. 세포가 분열할 때마다 새로 만들어진 세포에는 동일한 유전자 세트가 전달돼요. 그래서 강아지의 수정란은 오리나 해파리, 세균이 아니라 강아지가 되는 거예요.

오른쪽 그림을 볼까요? 밑으로 내려갈수록 몸이 더 작은 단위까지 나뉘어요. 각 단계에서 무엇이 어떤 일을 하는지 보여 주고 있어요.

우리 몸은 무엇으로 이루어졌나요?

몸
몸의 각 부분이 서로 완벽한 조화를 이루며 함께 일해요.

몸의 기관
뼈, 근육, 피부, 그리고 심장이나 간과 같은 기관은 모두 세포 조직으로 이루어져 있어요.

조직
세포가 서로 뭉쳐 단단한 조직을 이루어요.

세포
세포는 여러 종류가 있고, 종류마다 모양도 달라요. 옆의 그림은 한 종류의 세포를 나타내요.

세포 소기관
세포 안에는 작은 기관이 많이 있어요.
모두 단백질로 이루어져 있어요.
소기관에도 DNA가 담겨 있어요.

단백질과 DNA
단백질과 DNA는 아미노산과 뉴클레오타이드로 이루어져 있어요.

아미노산과 뉴클레오타이드
우리 몸을 구성하는 최소 단위예요.
우리가 먹는 음식에서 얻을 수 있어요.

모든 것은 세포에서 시작해요

단백질은 세포라는 집을 만드는 벽돌이에요. 세포는 혈액이 배달해 준 물질로 저마다 다른 종류의 단백질을 만들어 내요. 단백질을 만드는 제조법은 세포 안에 들어 있어요. 세포핵 안에 들어 있는 아주 가는 끈에 들어 있지요.

우리는 부모님에게서 그 끈을 받아요. 그 끈은 세포에게 정확한 시간에 정확한 장소에서 정확한 양의 단백질을 만들도록 명령하는 유전자예요. 만약 단백질이 제대로 만들어지면 모든 단백질이 사이좋게 함께 일해요.

단백질이 하는 일은 무엇인가요?

우리 몸에서 일어나는 모든 일에 관여해요. 단백질은 세포뿐만 아니라 세포 안에 있는 소기관들도 만들어요. 세포를 이동시키고, 함께 모이게 하고, 또 분열시키기도 하지요. 다른 세포에 메시지를 전달하기도 하고 세포 안팎으로 적합한 물질만 통과될 수 있게 해요. 이 모든 일을 다 하려면 10만 종의 단백질이 필요하지요. 각기 다른 단백질은 각기 다른 유전자에 따라 만들어져요.

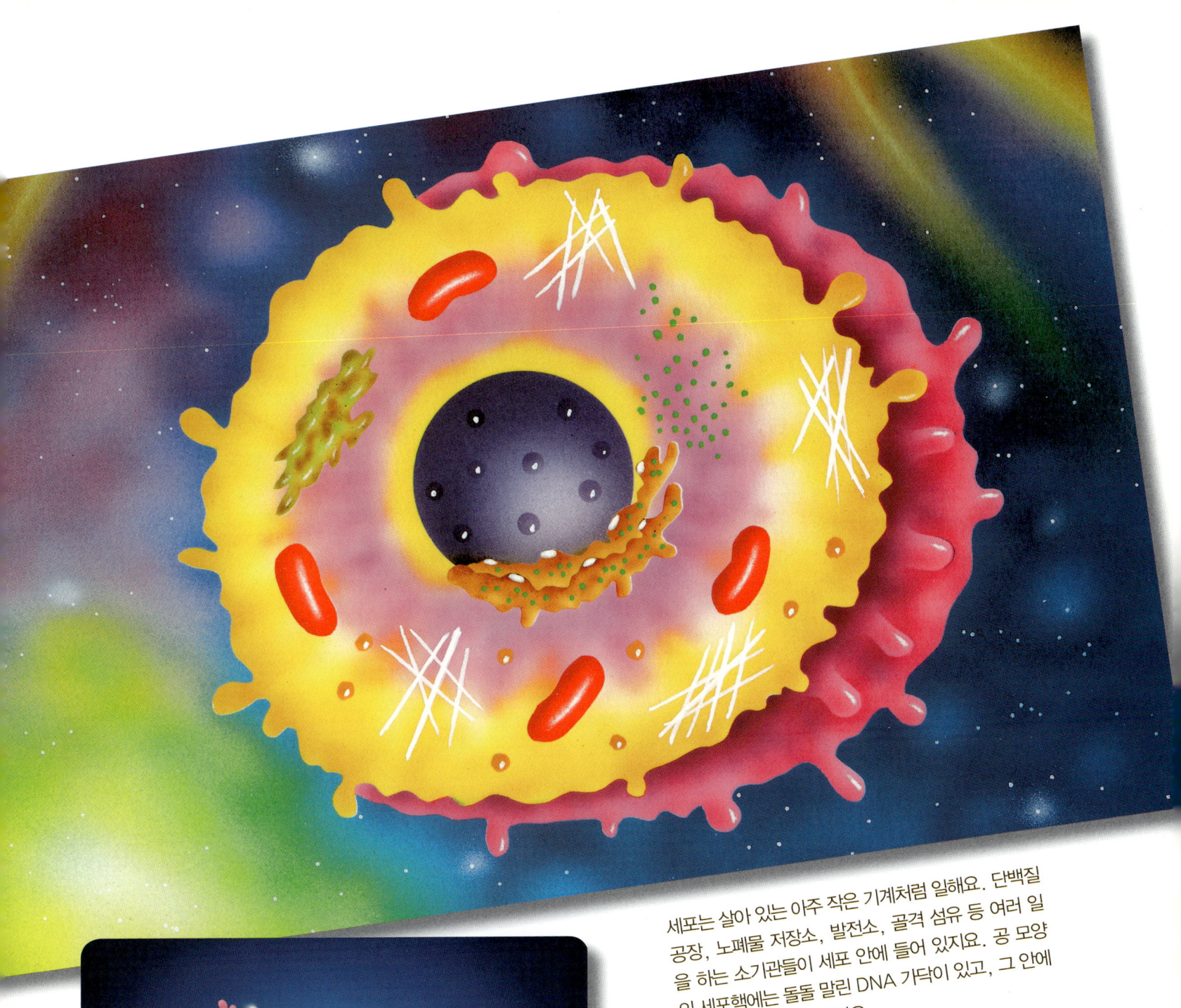

세포는 살아 있는 아주 작은 기계처럼 일해요. 단백질 공장, 노폐물 저장소, 발전소, 골격 섬유 등 여러 일을 하는 소기관들이 세포 안에 들어 있지요. 공 모양의 세포핵에는 돌돌 말린 DNA 가닥이 있고, 그 안에 유전자가 저장되어 있어요.

세포의 가운데가 갈라지면서 새로운 세포 2개가 생겼어요. 새로 만들어진 세포는 모세포와 똑같고 유전자도 같아요. 이 책을 읽는 순간에도 여러분의 몸에서는 수백만 개의 세포가 새로 만들어지고 있어요.

세포는 단백질을 만들고
단백질은 세포를 만들어요

단백질은 훌륭한 일들을 해내요. 그중에서도 살아 있는 세포를 만드는 일이 가장 대단해요. 콜라겐 단백질은 탱탱한 피부와 연골을 만들어요. 미네랄의 도움을 받아서 굳고 단단한 뼈도 만들고요. 케라틴은 몸 밖에서 자라 손톱과 발톱, 머리카락이 되어요.

단백질들이 하는 일은 똑같나요?

혈액 속을 떠돌아다니는 단백질도 있어요. 효소라는 단백질은 어떤 물질을 다른 물질로 바꾸어요. 어떤 물질을 분해하거나 합성해서 새로운 물질로 만드는 거예요. 헤모글로빈은 적혈구가 폐에서 산소를 담아 온몸으로 보내게 만들어요. 항체라고 부르는 단백질은 외부에서 들어온 병균에 달라붙어요. 그러면 방어 세포들이 병균을 알아보고 죽여요. 호르몬이라는 단백질 또한 다른 세포에 메시지를 전달해요.

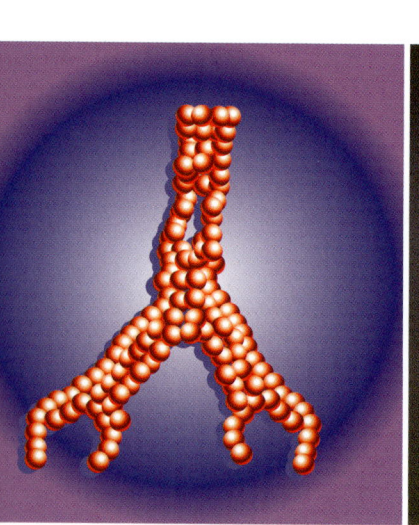

병균과 싸우는 단백질을 항체라고 해요.

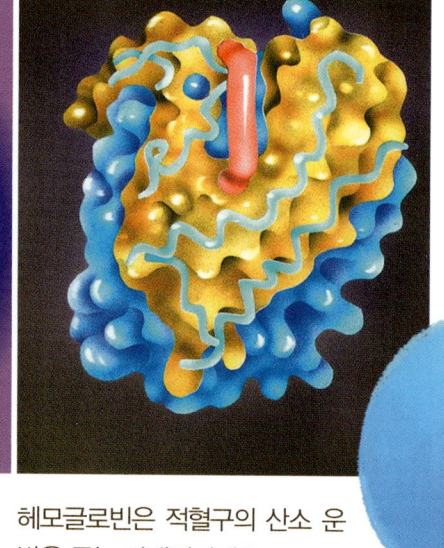

헤모글로빈은 적혈구의 산소 운반을 돕는 단백질이에요.

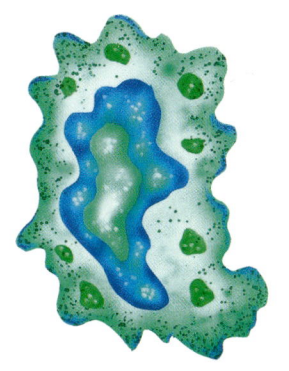
피부 세포들이 함께 모여 피부를 만들어요.

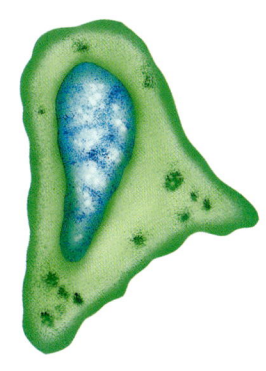
백혈구는 우리 몸에 들어오는 병균을 죽여요.

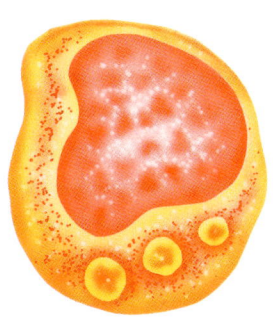
B 세포는 특별한 무기를 만들어서 침략자들을 무찔러요.

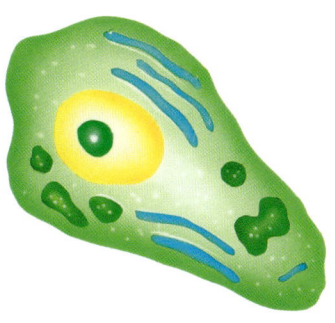
혈관 세포는 혈액이 흐를 수 있는 관을 만들어요.

우리 몸에는 100조 개의 세포가 있어요. 어찌나 작은지 세포 1000개를 한 줄로 늘어놓아도 점 하나를 다 채우지 못할 거예요. 우리 몸속에서는 300종의 서로 다른 세포들이 함께 일해요. 세포는 자신이 만들어 낸 단백질 때문에 특이한 모양을 띠게 돼요. 하는 일에 딱 맞는 모양이에요.

세포 안에서 일어나는 모든 일을 안내하고 조절하는 단백질에는 많은 종류가 있어요. 이 단백질들이 유전자를 켜고 끄는 역할을 하고, 다른 단백질들에게 일을 시작하거나 중지하라고 명령을 내려요. 이렇게 많은 단백질이 있어야 세포가 사이좋게 일해서 몸이 완벽하게 기능해요.

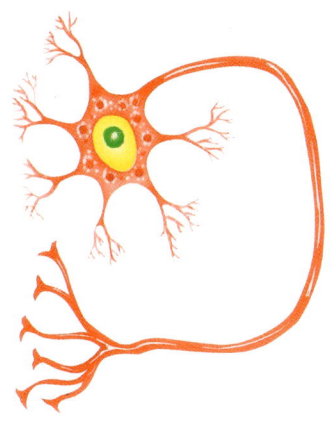
신경 세포는 신호를 내보내요. 뇌에는 수십억 개의 신경 세포가 있어요.

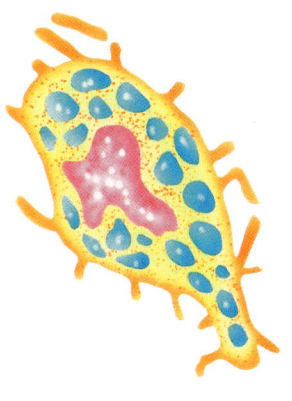
내분비계의 세포는 호르몬이라는 신호를 만들어요.

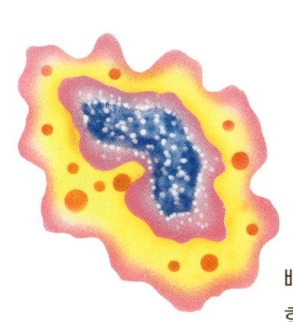
뼈 세포는 골격을 구성하고 혈액 세포를 만들어요.

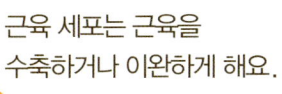
근육 세포는 근육을 수축하거나 이완하게 해요.

난자는 다른 세포들보다 10배나 커요. 이곳에서 생명이 탄생해요.

단백질 공장

세포가 단백질을 만들려면 세 가지가 필요해요. 벽돌, 벽돌을 쌓는 방법, 그리고 벽돌을 만드는 공장이에요.

벽돌 역할을 하는 것은 아미노산이에요. 아미노산은 20종이 있고 그중에서 몇 개를 골라 조립하면 원하는 단백질을 만들 수 있어요. 단백질을 만드는 공장은 세포 안에 있는 소기관인 리보솜이에요. 단백질을 만드는 조리법은 유전자고요. 유전자는 아주 가는 가닥으로 되어 있는 DNA에 쓰여 있어요. DNA는 세포핵 안에 말려 저장되어 있지요.

아래 그림은 단백질을 만들고 있는 리보솜이에요. 리본 모양으로 생긴 것이 유전자 복제본인 mRNA예요. 리보솜은 이 메시지를 번역해 아미노산들을 정해진 순서로 줄 세워요. 그러면 단백질 가닥이 만들어지면서 곧바로 특정한 모양으로 돌돌 말려요. 이렇게 만들어진 단백질은 세포 안이나 밖에서 자신이 맡은 역할을 하기 위해 떠나가요.

단백질은 어떻게 만들어지나요?

신경 세포, 피부 세포, 근육 세포 등 각각의 세포는 그 생명체가 가질 수 있는 모든 유전자 정보를 가지고 있어요. 그래서 이론적으로는 10만 종의 단백질을 만들어 낼 수도 있지만 그럴 일은 없어요. 피부 세포는 자기가 만들어야 할 단백질만 만들면 되니까요.

가장 먼저 해야 할 일은 정확한 시간에 정확한 유전자를 켜는 일이에요. 유전자를 켠다는 것은 그것의 복제본을 만든다는 뜻이에요.

그다음에 할 일은 유전자 복제본을 리보솜에 배달하는 것이에요. 리보솜은 메시지를 받아서 주문받은 단백질을 만들어요.

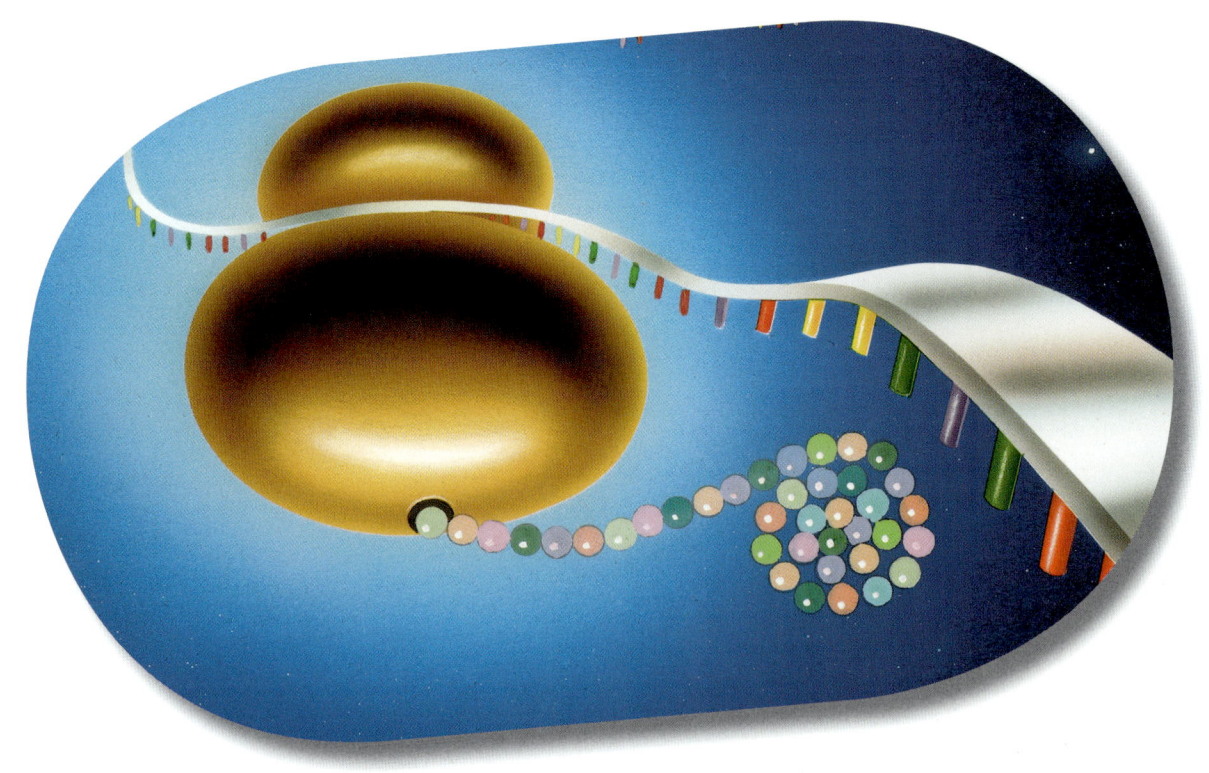

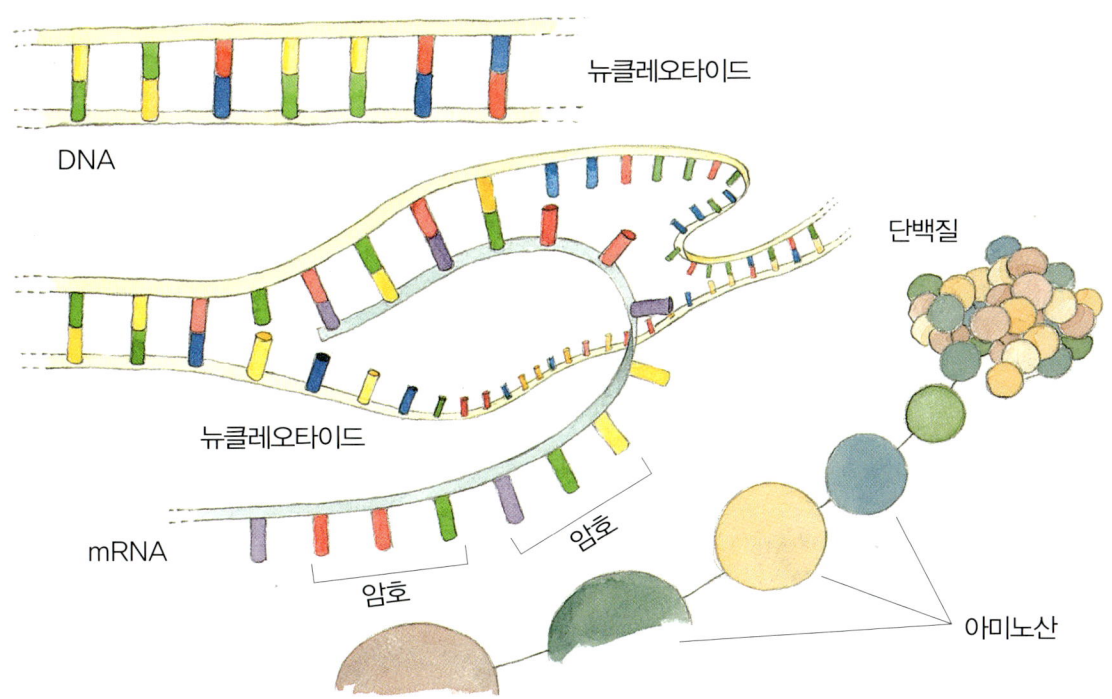

더 자세히 설명해 주세요!

DNA는 나선형으로 꼬인 사다리처럼 생겼어요. 사다리의 가로 막대는 뉴클레오타이드라고 하는 화학 글자의 짝으로 이루어졌어요. 뉴클레오타이드는 각각 알파벳 A, T, C, G로 표시되죠. 뉴클레오타이드는 늘 짝짓기를 해요. 가로 막대를 만들기 위해서 A는 T하고만 짝을 짓고, C는 G하고만 짝이 되려고 해요. 이런 방식으로 짝을 지은 뉴클레오타이드가 DNA 가닥을 가득 채워요. 유전자는 이 가닥 위에 자리 잡아요.

리보솜은 유전자 복제본을 필요로 해요. 세포핵 속에 있는 DNA 사다리가 정확한 지점에서 쪼개져야 해요. 사다리가 반으로 나뉘면 뉴클레오타이드들은 짝을 잃고 염기인 A, T, C, G가 되지요. 뉴클레오타이드가 배열된 순서는 mRNA라고 부르는 다른 종류의 유전자에 새로운 글자들과 함께 복제되어요.

그림을 보면 A, T, C, G는 각각 초록, 노랑, 빨강, 파랑으로 표시되었어요. 색을 입혔으니 전체 과정을 더 쉽게 이해할 수 있을 거예요. DNA가 둘로 쪼개지면서 mRNA에게 글자들을 복제해 주고 있어요. mRNA의 줄기에서 파랑은 보라로 대체되었어요. 세 가지 색깔(혹은 글자)이 암호가 되어 리보솜 안에 제대로 된 아미노산을 집어넣어요.

mRNA는 세포핵에서 나와서 리보솜으로 향해요. 이제부터 어려운 부분이 시작되어요. 아미노산은 20종류가 있는데 염기는 4개밖에 없어요. 그래서 염기 3개가 1개의 암호(코돈)를 만들어요. 이 암호가 한 종류의 아미노산이 돼요. 리보솜은 아미노산들을 순서대로 배열해서 특정한 단백질을 만들어요.

유전자와 염색체

DNA는 두 가지 일을 해요. 첫 번째는 단백질을 만드는 제조법을 알려 주는 것이에요. 두 번째는 그 일이 모든 세포에서 잘 일어날 수 있게 만드는 것이에요. 그래서 세포가 2개로 분열할 때 DNA 가닥도 복제되어야 해요. 그래야만 새로 만들어진 세포도 똑같은 유전자를 가질 수 있어요.

DNA가 어떻게 2개가 돼요?

유전자를 복제하는 방식은 세포마다 아주 비슷해요. 먼저 DNA 사다리를 옆으로 잡아당겨서 둘로 나눠요. 그런 다음에 염기의 새로운 짝을 찾아요. 새로운 짝을 만들어 주면 뉴클레오타이드가 정확히 똑같은 DNA 사다리 2개가 만들어져요. mRNA에서는 특정 유전자의 복제만 일어나지만 여기에서는 3만 개의 유전자가 담긴 DNA 전체가 다 복제되어요.

염색체란 뭐예요?

복제를 위해서 정리되고 포장된 DNA예요. 세포가 분열하기 전에 DNA 가닥이 막대 모양이 되면서 염색체가 나타나요.

DNA는 빽빽하게 포장된 염색체를 만들기 위해서 공 모양의 단백질을 감싸요. 처음에 나선형 사다리 모양의 DNA가 보여요. 사다리는 조금씩 말려서 동그란 단백질 덩어리가 되고 결국 DNA 전체가 염색체로 변해요.

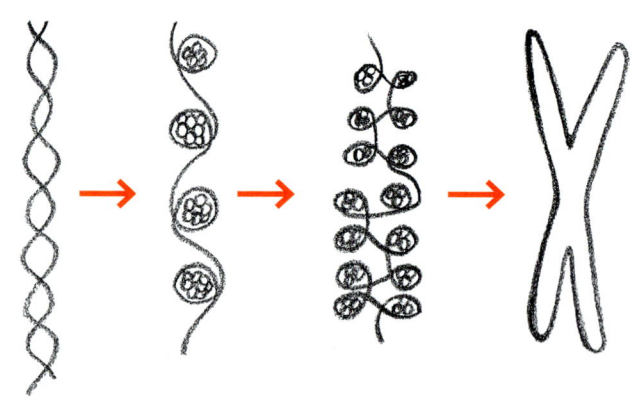

DNA 가닥을 세포핵 바깥으로 꺼내면 무슨 일이 벌어질까요? 위 그림은 그 모습을 보여 줘요. DNA는 염색체로 포장되어 있어요. 더 가까이 다가가 보면 DNA가 나선형의 사다리 모양이라는 걸 알 수 있죠. 가로 막대는 2개의 염기가 짝을 이루어 만들어졌어요.

유전자 1개는 수천 개의 염기를 가지고 있어요. 노란색의 C는 항상 초록색인 G하고만 짝을 하고, 빨간색인 A는 파란색인 T하고만 짝을 지으려고 해요. 이 똑똑한 짝짓기 규칙 덕분에 완벽한 복제가 가능한 거예요.

Y 염색체는 남자아이를 만들어요

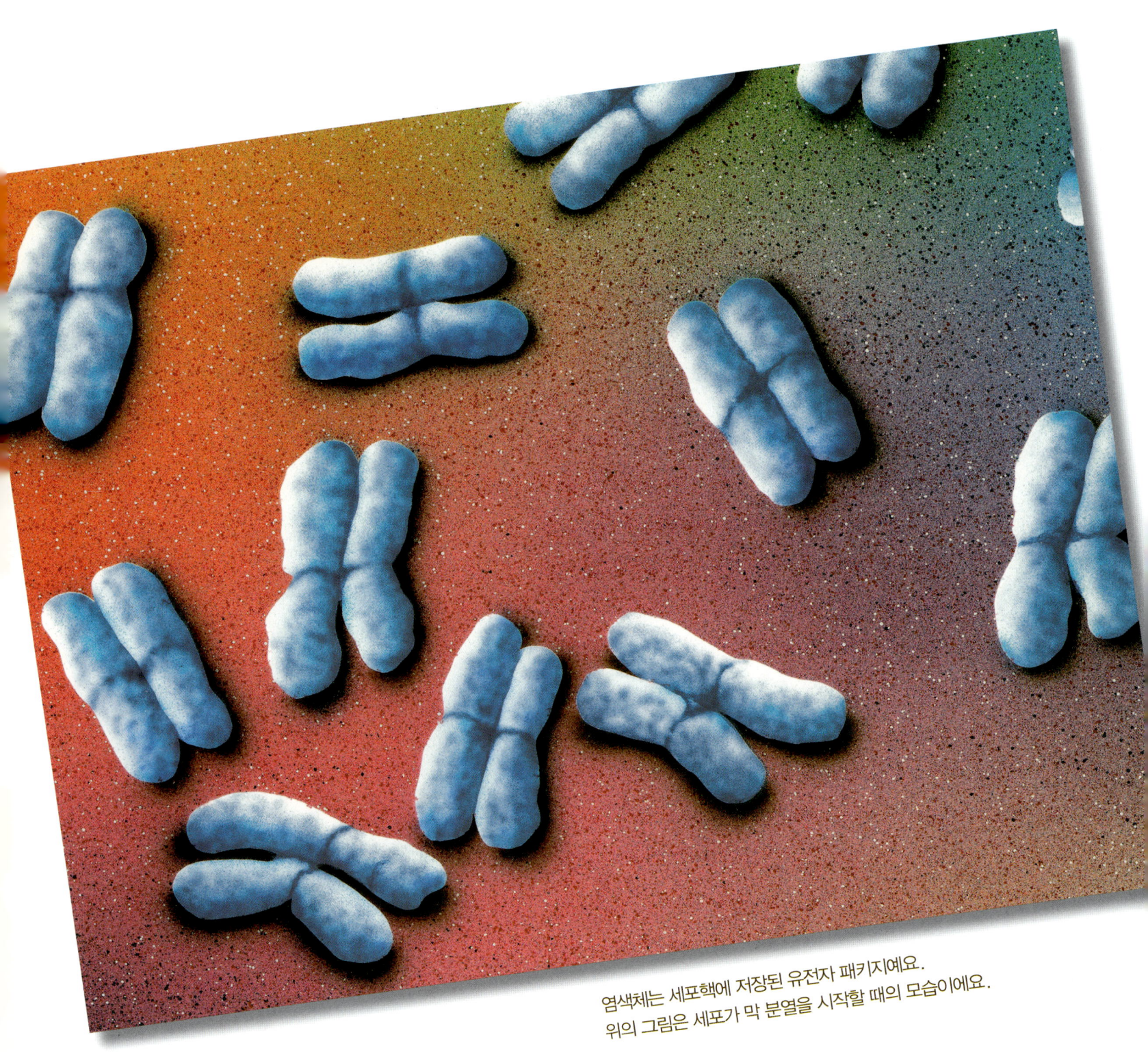

염색체는 세포핵에 저장된 유전자 패키지예요.
위의 그림은 세포가 막 분열을 시작할 때의 모습이에요.

인간은 46개의 염색체 안에 3만 개의 유전자를 가지고 있어요. 모기의 염색체는 6개, 개의 염색체는 78개, 나비의 염색체는 446개예요. 세균을 제외하고 염색체는 항상 짝지어져 있어요. 세균은 1개의 세포로 되어 있어서 1개의 모세포에게서 유전자를 얻어요. 그렇다면 왜 개와 인간의 세포는 짝으로 된 염색체를 가지고 있을까요?

염색체를 2명에게서 얻으니까 그런 건가요?

맞아요. 한 쌍은 엄마에게서 나머지 한 쌍은 아빠에게서 받아요. 그러니까 유전자 복제본 2개를 받는 거예요. 46개의 염색체가 23쌍을 이루어요. 1쌍에는 동일한 단백질을 만들 수 있는 동일한 유전자가 들어 있어요. 한쪽 염색체의 유전자에 결함이 있으면 다른 염색체에 있는 건강한 유전자가 그 자리를 대신해요.

오른쪽 그림을 보면 남자와 여자의 세포 속에 있는 염색체가 거의 똑같다는 걸 알 수 있어요. 2개의 염색체가 중간에서 연결되어 X자 모양을 하고 있어요.

그런데 다른 모양의 염색체가 1개 있어요. 이것을 성염색체라고 불러요. 남자와 여자의 차이를 만드는 유전자들이 이 염색체에 들어 있기 때문이에요. 남자는 Y자 모양의 염색체를 가지고 있어요.

어떻게 Y 염색체는 남자를 만드나요?

Y 염색체 안에 저장된 유전자 때문이에요. 이 유전자들이 세포들에게 명령을 내려서 남자를 남자답게 보이고 행동하게 하는 단백질을 만들어 내요.

여자는 X 염색체가 2개 있어요. 모든 유전자의 복제본 2개가 그 안에 저장되어 있어요. 반면에 남자는 X염색체 1개와 Y 염색체 1개를 갖고 있어서 서로 대체해 줄 염색체가 없어요. X 염색체에 있는 유전자에 결함이 있으면 그 자리를 대신할 유전자가 없는 거예요. 그래서 남자들은 결함 유전자로 인해 근육이 줄어들고 약해지는 병에 더 잘 걸려요.

남자의 염색체 23쌍이에요.
성염색체가 보이나요? X와 Y가 있어요.

여자의 염색체 23쌍이에요.
X 염색체만 있어요.

태초에 난자가 있었어요

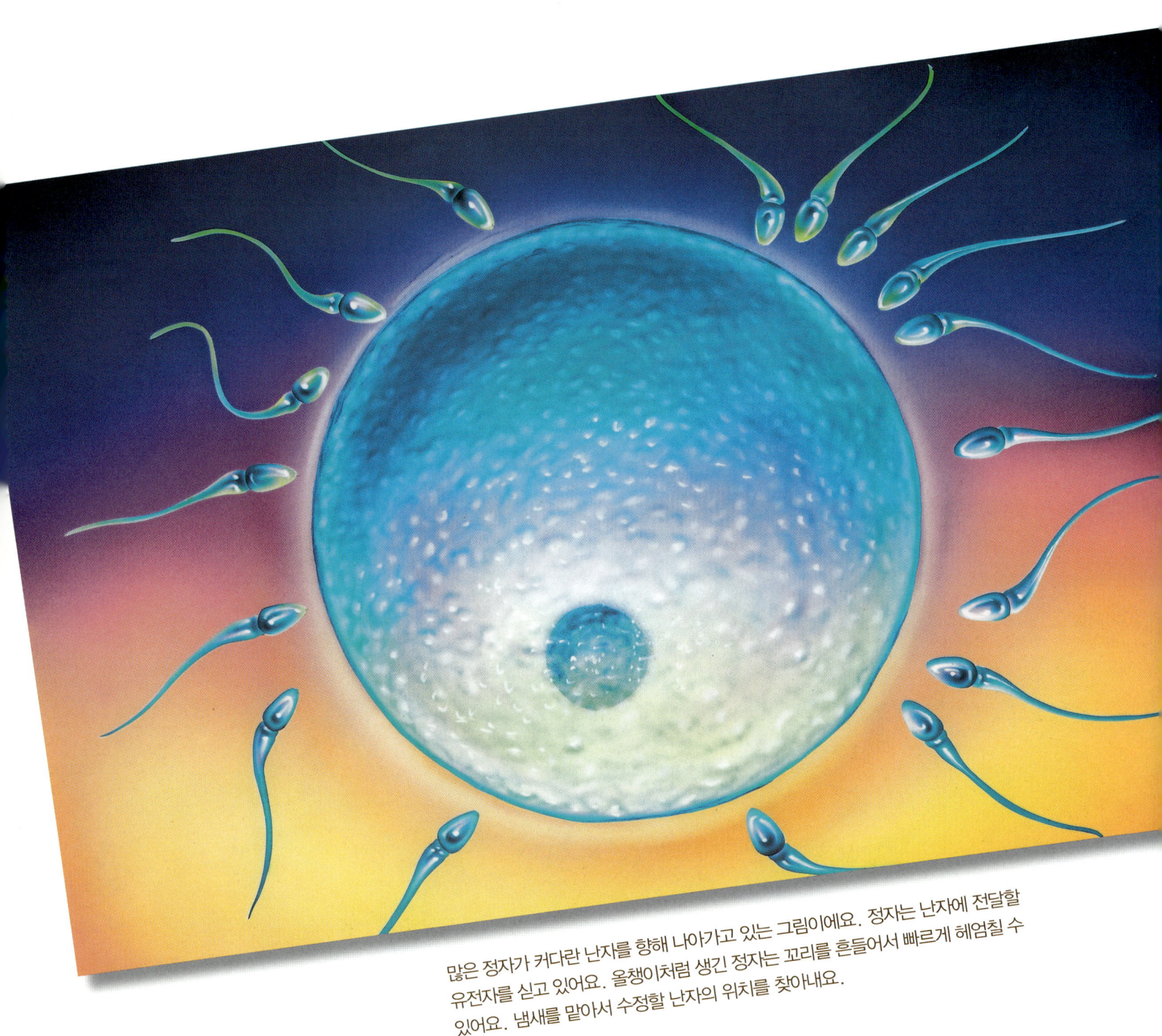

많은 정자가 커다란 난자를 향해 나아가고 있는 그림이에요. 정자는 난자에 전달할 유전자를 싣고 있어요. 올챙이처럼 생긴 정자는 꼬리를 흔들어서 빠르게 헤엄칠 수 있어요. 냄새를 맡아서 수정할 난자의 위치를 찾아내요.

우리 몸속 세포들은 모두 1개의 세포에서 출발했어요. 그 세포는 엄마의 자궁에 든 난자예요. 난자에는 특이하게 유전자 세트가 1개밖에 없어요. 그래서 또 다른 세트를 받지 않으면 다른 체세포들처럼 분열할 수 없어요.

모자란 유전자 세트는 아빠의 정자에게 들어 있어요. 정자에게도 유전자 세트가 1개밖에 없어요. 난자와 정자는 혼자서 할 수 있는 일이 별로 없어요.

둘이 만날 때까지요?

네, 둘이 만나면 수정이 이루어져요. 난자는 수정이 되어야 비로소 염색체 23쌍을 갖게 돼요. 이제 엄마와 아빠에게서 유전자를 받은 수정란이 자랄 준비를 마쳤어요.

수정란은 이때부터 분열할 수 있어요. 분열을 거듭하면서 다양한 세포를 만들기 시작해요.

수정란은 짧은 시간 동안 분열을 계속해서 배아를 형성해요. 배아는 이미 작은 사람 모양을 갖추고 있어요.

난자는 사람 모양이 아니에요?

인간, 개, 개구리의 난자는 거의 비슷하게 생겼어요. 하지만 개의 난자에는 개의 유전자가 들어 있어요. 개의 유전자는 개를 만들고, 개구리의 유전자는 개구리를 만들고, 인간의 유전자는 인간을 만들죠. 그래서 새끼는 모두 부모와 똑같아집니다.

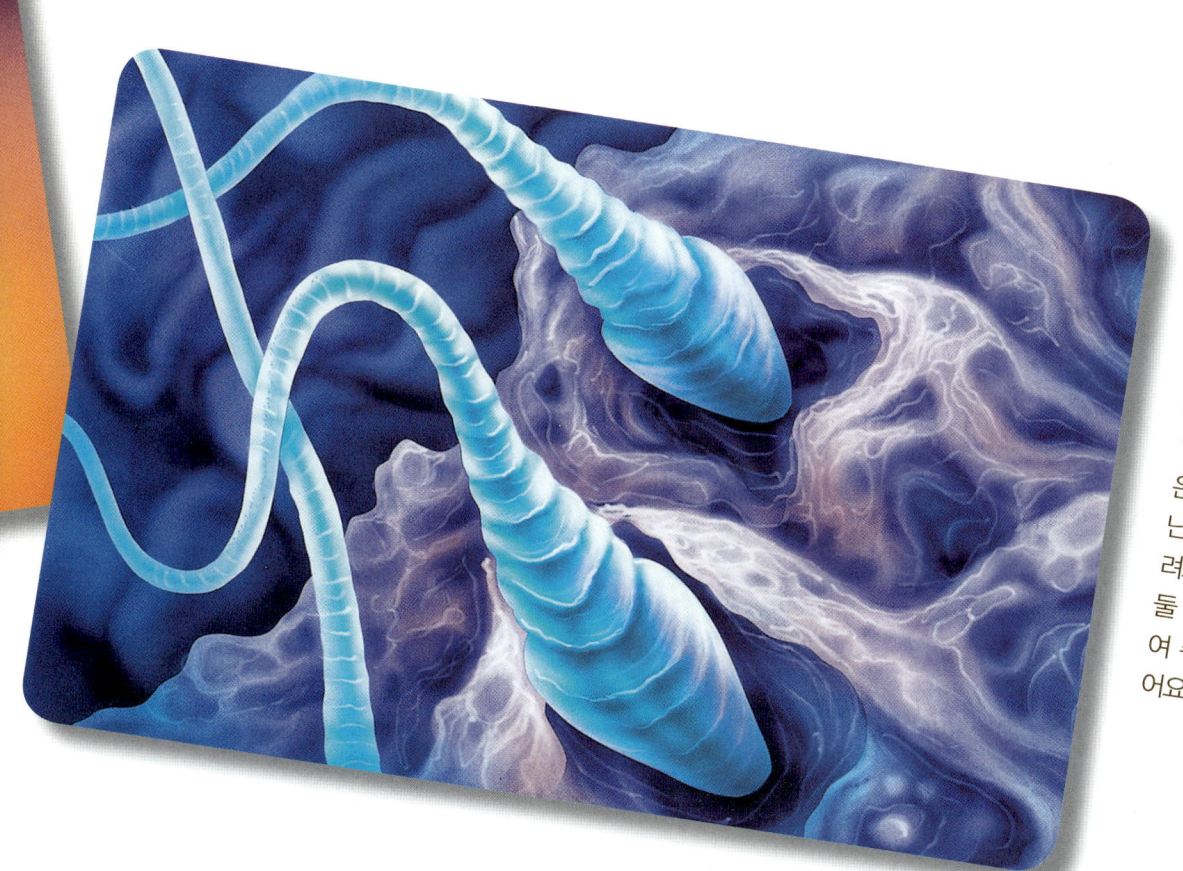

여성은 한 번에 난자 1개만 배란해요. 수많은 정자 중에서 2개가 난자 안으로 들어가려고 하네요. 하지만 둘 중 하나만 승리하여 수정란이 될 수 있어요.

서로 다른 유전자
서로 다른 단백질
서로 다른 사람들

우리는 서로 거의 비슷한 유전자를 가지고 있어요. 똑같은 유전자는 똑같은 단백질을 만들어 내요. 또 똑같은 단백질은 인체의 똑같은 위치에서 똑같은 방식으로 똑같은 세포들이 일할 수 있게 해 주어요.

그런데 왜 우리는 일란성 쌍둥이가 아니에요?

DNA의 염기 순서가 100퍼센트 똑같지 않기 때문이에요. 개인마다 약간 다른 유전자 세트를 물려받기 때문이죠. 이런 차이가 머리, 눈, 피부의 색을 결정해요. 주근깨, 우유 소화 능력, 질병에 대한 저항력 등도 결정해요. 얼굴 모양도 결정하고 뭉툭한 코와 긴 코도 결정해요. 이 모두는 많은 유전자들이 함께 일한 결과예요.

일정한 무리의 사람들은 공통점을 갖고 있어요. 아시아의 어린이들은 쌍꺼풀이 없는 눈을 만드는 유전자를 갖고 있어요. 피부가 검은 사람들은 피부 세포에 검게 만드는 물질이 많이 들어가 있는 거예요. 하지만 사람은 누구나 얼굴 한가운데에 코가 있고 코에는 콧구멍이 있어요. 돌고래처럼 코가 뒤통수에 달려 있지 않아요. 또 토끼와는 달리 눈이 옆이 아닌 정면을 보게 되어 있어요. 또 새와는 달리 귀를 만들라고 명령하는 유전자를 가지고 있어요.

세포가 어떻게 귀를 만들어요?

귀를 만드는 세포들은 어떤 모양의 귀를 만들어야 할지 전혀 몰라요. 유전자가 그만하라고 명령할 때까지 세포 분열을 할 뿐이에요. 세포들은 이 일을 특정한 시간과 장소에서만 해요. 세포가 특정한 모양으로 조직을 만드는 방법은 참 놀라워요. 우리는 저마다 유전자가 약간 다르기 때문에 귀 모양도 조금씩 다른 거예요. 친구들의 귀를 확인해 봐요.

남자? 여자?

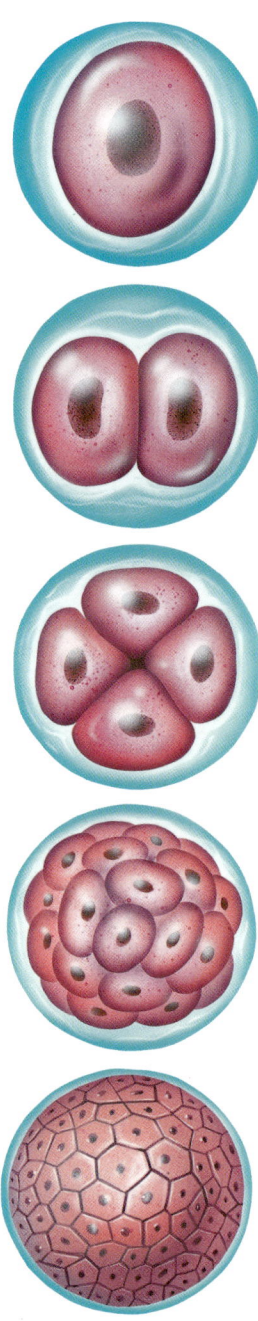

배아가 여자가 될지 남자가 될지 결정하는 건 유전자예요. 특별한 단백질의 도움을 받아서예요. 유전자는 수정란이 여러 종류의 세포를 만들기 시작하자마자 끼어들어요.

처음에 수정란은 여자가 되던 남자가 되던 상관없이 다 똑같이 생겼고 똑같이 발달해요. 수정란은 공처럼 동그래요. 처음에는 세포가 1개였다가 2개, 4개…… 이런 식으로 늘어나요. 세포가 늘어나면서 배아가 자라요. 몇 주만 지나면 모양과 기능이 다른 세포들이 나타나요.

이때 아주 흥미로운 유전자가 켜져요. 이 유전자는 Y 염색체에만 있기 때문에 Y 염색체를 가진 수정란에만 존재해요. 이 유전자에는 여러 개의 다른 유전자들을 켤 수 있는 단백질의 제조법이 들어 있어요. 켜진 유전자들은 남자의 고환을 만들어요. 고환 세포에서만 만들 수 있는 호르몬 단백질이 배아를 남자로 발달시킬 수 있어요.

그럼 여자는요?

수정란이 여자가 될 확률은 50퍼센트예요. 정자에는 단일 염색체로 포장된 유전자 1쌍만 들어 있다는 걸 기억하지요? 단일 성염색체는 X일 수도 있고 Y일 수도 있어요. X 염색체를 가진 정자가 난자의 X 염색체와 결합하면 Y 염색체가 없기 때문에 남자가 될 수 없어요. 아빠의 정자에 X 염색체가 아니라 Y 염색체가 들어 있으면 수정란은 남자를 만들 수 있는 유전자를 받아요.

수정란이 분열을 거듭하는 모습이에요.

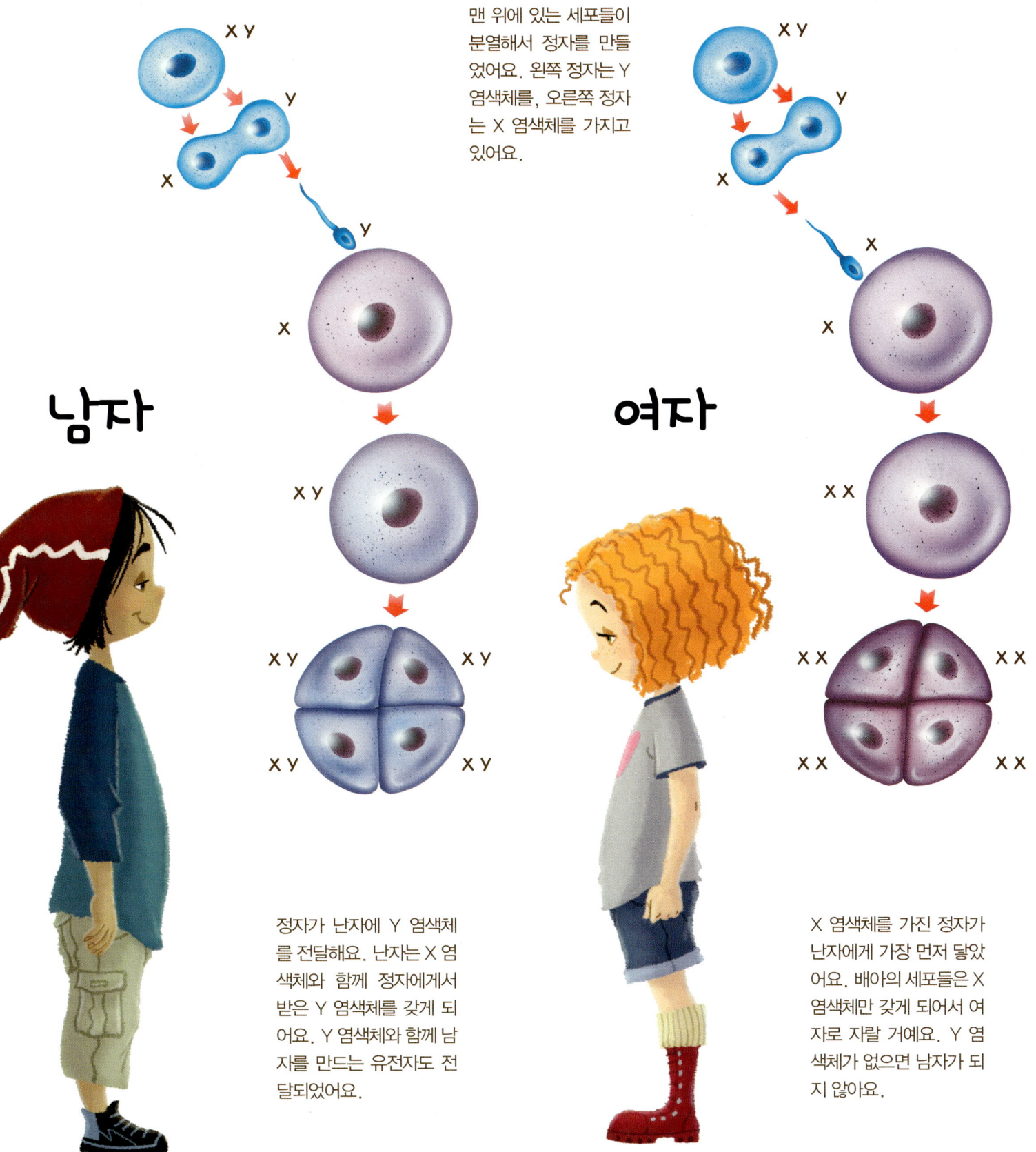

맨 위에 있는 세포들이 분열해서 정자를 만들었어요. 왼쪽 정자는 Y 염색체를, 오른쪽 정자는 X 염색체를 가지고 있어요.

남자

정자가 난자에 Y 염색체를 전달해요. 난자는 X 염색체와 함께 정자에게서 받은 Y 염색체를 갖게 되어요. Y 염색체와 함께 남자를 만드는 유전자도 전달되었어요.

여자

X 염색체를 가진 정자가 난자에게 가장 먼저 닿았어요. 배아의 세포들은 X 염색체만 갖게 되어서 여자로 자랄 거예요. Y 염색체가 없으면 남자가 되지 않아요.

왜 엄마와 아빠가 모두 필요해요?

우리 몸이 100조 개의 세포로 이루어졌고 세포는 종류마다 하는 일이 다르기 때문이에요. 우리가 세균처럼 세포가 1개밖에 없다면 아기를 만드는 일은 아주 간단할 거예요. 우리 몸을 반으로 나눠서 유전자를 각각의 세포에 전달해 주면 되니까요. 그러면 엄마 아빠가 모두 필요한 건 아니고 모세포 1개만 있으면 돼요.

우리 몸속의 세포도 세균처럼 분열하고 증식하는 건 맞아요. 새로운 피부 세포나 간 세포가 필요하면 충분한 수가 될 때까지 분열하면 되어요. 하지만 우리 몸 전체를 반으로 쪼개서 아이 2명을 만들 수는 없어요.

예를 들어 인간과 개는 아직 특화되지 않은 1개의 세포에서 출발해야 해요. 이 세포가 나중에 다양한 세포로 특화되는 거예요. 이 세포는 엄마의 자궁에 들어 있는 수정란이에요.

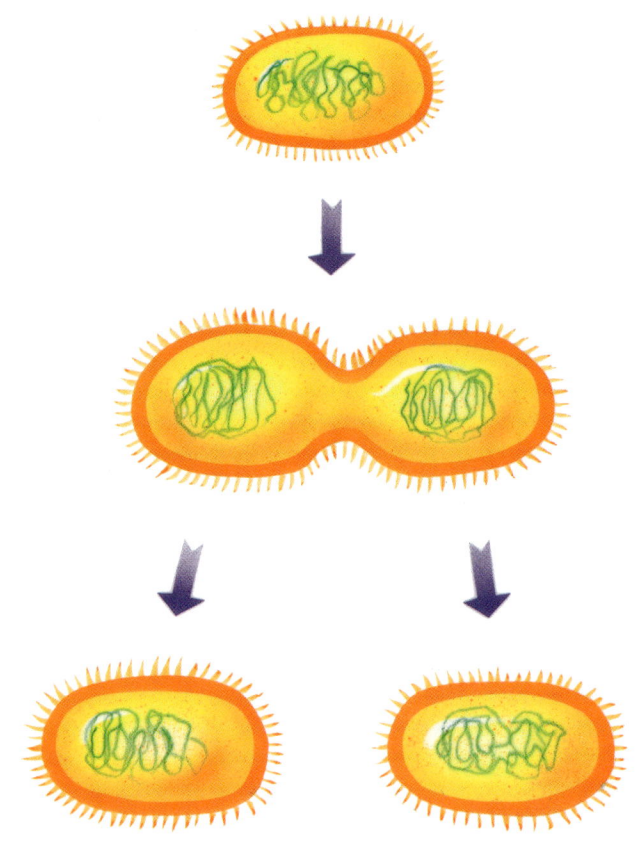

세균은 새로운 세균을 만들기 쉬워요. 둘로 나뉘어서 스스로를 복제해요.

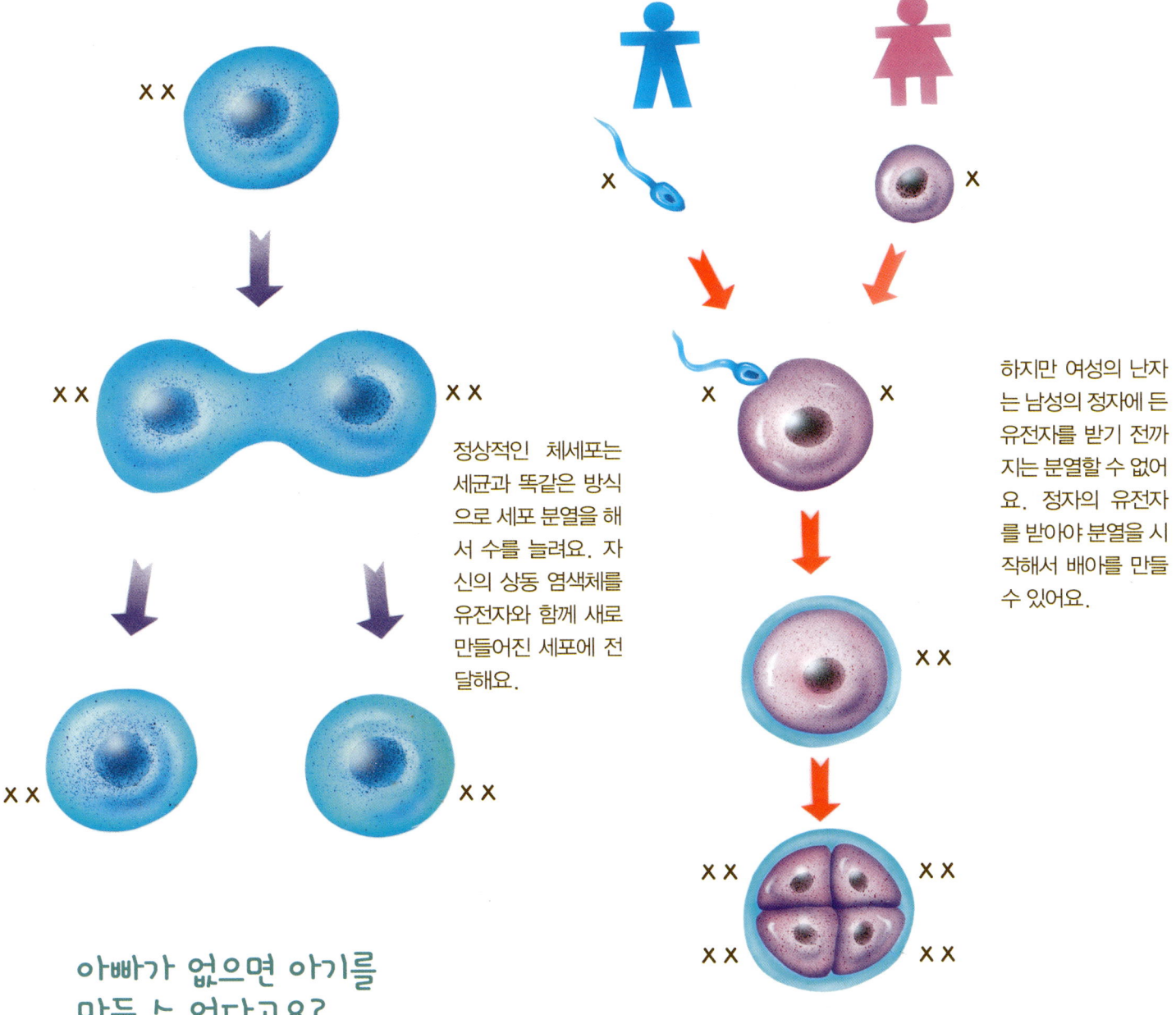

정상적인 체세포는 세균과 똑같은 방식으로 세포 분열을 해서 수를 늘려요. 자신의 상동 염색체를 유전자와 함께 새로 만들어진 세포에 전달해요.

하지만 여성의 난자는 남성의 정자에 든 유전자를 받기 전까지는 분열할 수 없어요. 정자의 유전자를 받아야 분열을 시작해서 배아를 만들 수 있어요.

아빠가 없으면 아기를 만들 수 없다고요?

그래요. 그건 불가능해요. 엄마의 자궁에 든 난자는 혼자서 분열할 수 없거든요. 유전자 세트를 1개만 가지고 있어서 아빠의 정자에 든 나머지 1세트의 유전자를 꼭 받아야 해요. 양쪽 유전자가 합쳐져야 이 세상에 하나밖에 없는 우리가 만들어져요. 그렇지 않으면 엄마나 할아버지, 증조 할머니와 똑같은 유전자를 갖게 될걸요? 그러면 똑같은 유전자를 가진 여자로 태어나고 나이만 다른 클론들의 세상이 될 거예요. 그럼 정말 지루하겠죠? 엄마 아빠에게서 유전자를 다 받아야 하는 자연의 섭리가 좋은 거예요.

앞에서 배웠지만 난자와 정자는 유전자를 반반씩 가지고 있어서 혼자서는 분열할 수 없어요. 둘이 합쳐진 수정란에는 원래대로 유전자 세트가 2개 들어 있게 되어요. 엄마의 염색체 23개와 아빠의 염색체 23개예요.

수정란에서 자란 아이는 엄마 아빠 두 사람에게서 유전자를 받은 거고, 엄마 아빠는 각각 자신의 엄마 아빠 두 사람에게서 유전자를 받은 거고, 그 윗 세대도 다 똑같아요.

유전자 조합

난자와 정자를 생식 세포라고 해요. 생식 세포는 유성 생식으로 생명이 태어나기 위해 가장 먼저 있어야 할 세포예요. 다시 말하면 엄마와 아빠가 있어야 하고, 세상에 하나밖에 없는 유전자 조합이 이루어져야 해요.

이것이 가능한 이유는 생식 세포가 유전자 세트를 1개씩만 갖고 있어서 불완전하기 때문이에요. 혼자서는 분열할 수 없어요. 그 대신 생식 세포를 만드는 세포는 혼자서 분열할 수 있어요. 이 세포는 23개의 염색체를 쌍으로 가지고 있고 그 안에 유전자도 정상적인 양이 들어 있어요.

유전자는 어떻게 섞이나요?

정자를 만드는 고환의 세포들을 살펴봐요. 세포들은 분열하기 전에 쌍으로 된 염색체를 단일 염색체로 만들어요. 염색체들은 처음에는 서로 가까워져요. 그래야 같은 종류의 유전자가 똑같은 위치에서 마주 볼 수 있어요(유전자가 2세트라는 걸 잊지 말아요). 그런 다음에 나눠져서 유전자가 뒤섞여요. 2세트의 유전자 중 1세트가 들어갈 수 있는 자리 밖에 없어요. 그 유전자가 엄마에게서 온 것인지 아빠에게서 온 것인지는 아무도 알 수 없어요. 조합된 유전자 세트는 정자에게 전해져요.

그렇다면 우리는 고유한 유전자 조합을 갖고 있나요?

그래요. 난자를 만드는 세포에서도 똑같은 일이 벌어져요. 염색체 한 쌍으로 유전자를 잘 조합하고 분열해서 새롭게 조합된 염색체 세트를 난자에 전달해요. 그때부터 분열하는 것은 난자에게 달렸어요. 그러니까 우리는 양쪽 부모님에게서 받은 유전자를 무작위로 조합한 결과물이에요. 이 세상에서 한 번도 일어난 적이 없고 앞으로도 없을 특별한 조합이죠. 세상에 하나밖에 없다는 걸 자랑스러워해야 해요.

강아지도 그래요?

동물은 대부분 부모가 있어요. 그래서 특별한 유전자 조합을 갖고 있어요. 강아지도 오리도 고유의 형질과 개성이 있어요.

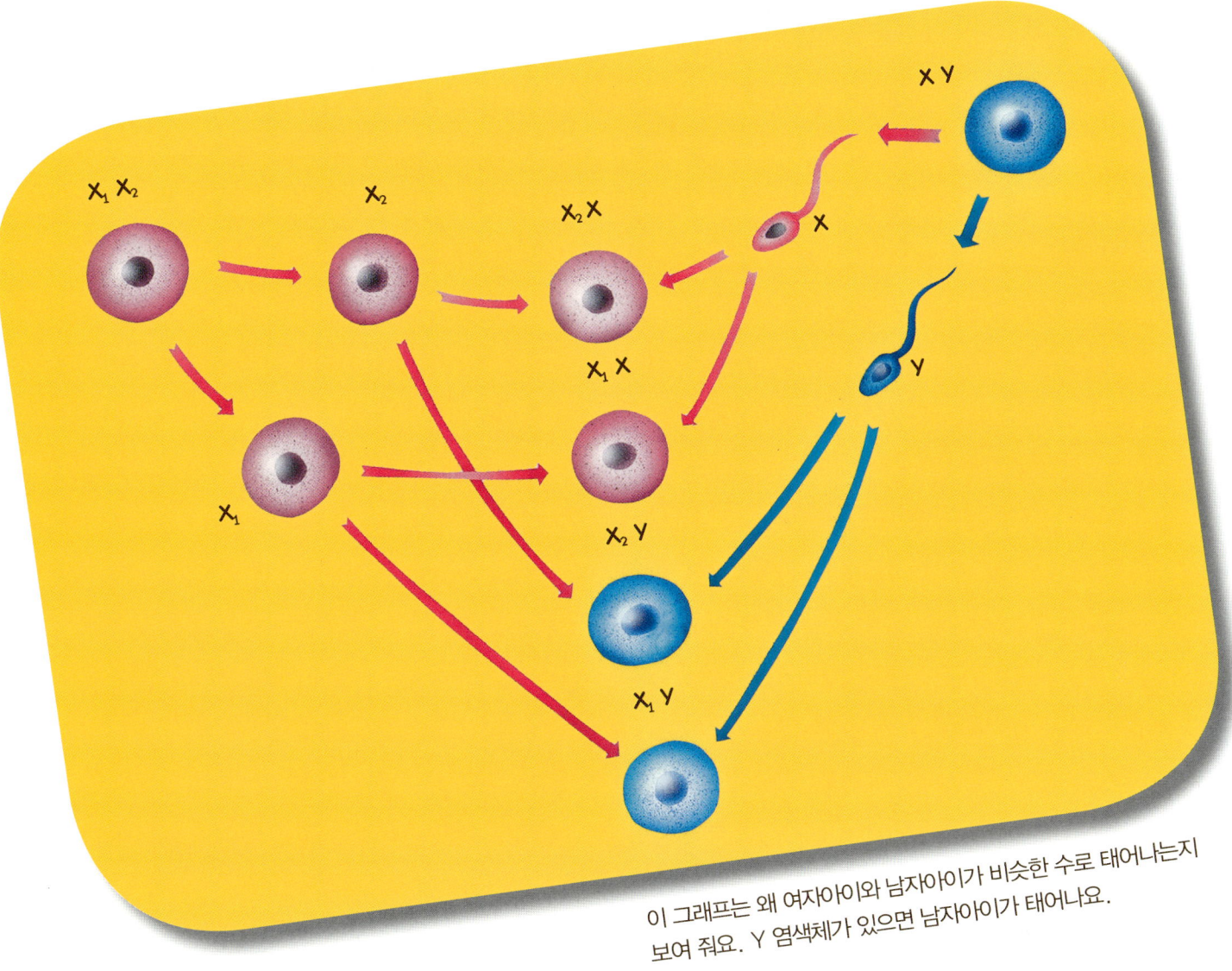

이 그래프는 왜 여자아이와 남자아이가 비슷한 수로 태어나는지 보여 줘요. Y 염색체가 있으면 남자아이가 태어나요.

왜 남자아이와 여자아이의 수는 비슷해요?

남자만 태어나는 집도 있고 여자만 태어나는 집도 있지요? 하지만 모든 집을 합치면 세상에 태어나는 남자아이와 여자아이의 수는 비슷해요. 왜 그런지 함께 알아봐요.

난자를 만드는 세포는 X 염색체 2개를 가지고 있어요. 세포가 분열하면 각각의 난자에는 1개의 X 염색체가 들어가죠. 이 난자들을 난자 X_1, 난자 X_2라고 부르자고요.

난자와 정자가 만났을 때 가능한 조합은 4개예요.

- 난자 X_1 + 정자 X = XX → 여자
- 난자 X_1 + 정자 Y = XY → 남자
- 난자 X_2 + 정자 X = XX → 여자
- 난자 X_2 + 정자 Y = XY → 남자

조합의 반은 남자아이가 태어나는 경우이고, 나머지 반은 여자아이가 태어나는 경우예요. 따라서 아이가 태어날 때 아들이 태어날 확률과 딸이 태어날 확률은 반반예요.

여기요, 유전자 한 세트씩 주세요!

유전자를 1세트만 갖고 있는 세포는 난자와 정자뿐이에요. 다른 세포들은 2세트를 가지고 있죠. 동일한 유전자는 항상 각 염색체의 같은 자리에 있어요. 하지만 언제나 100퍼센트 똑같지는 않아요. 가끔 두 유전자가 다른데, 이를 대립 유전자라고 해요.

머리색을 결정하는 유전자를 예로 들어 봐요. 엄마에게서 온 유전자는 세포들에게 검은 머리 단백질을 만들라고 명령해요. 아빠에게서 온 유전자는 금발 머리 단백질을 만드는 게 좋겠다고 말하고요. 이 두 유전자가 함께 세포에게 명령을 내리는 거예요. 그렇다면 아이는 어떤 머리 색을 갖게 될까요?

금발과 검은 머리가 섞여서 나는 거 아니에요?

그건 불가능해요. 머리카락 전체가 같은 색을 띠거든요. 같은 종류의 세포로 만들어졌기 때문이에요. 그래서 머리 색은 검은색과 금색 사이의 어떤 색이 되는데, 검은 머리가 될 가능성이 커요. 검은 머리 유전자가 대립 유전자인 금발 머리 유전자보다 힘이 더 세기 때문이에요. 우성 유전자가 이기기 마련이에요. 싸움에서 진 유전자를 열성 유전자라고 해요.

열성 유전자가 다시 나타날 수 있나요?

네, 아예 사라지는 건 아니거든요. 그들의 부모로부터 우성 유전자인 짙은 색 머리 유전자와 열성 유전자인 금발 유전자를 물려받은 짙은 색 머리를 가진 부모가 금발 유전자를 자식에게 전달할 수도 있어요. 아이가 엄마 아빠에게 금발 유전자를 다 받았을 때 금발 머리가 될 수 있어요.

우리의 피부를 아주 크게 확대한 그림이에요. 큰 주머니 모양의 머리 뿌리에 있는 세포는 머리카락을 만드는 케라틴 단백질을 생성해요. 다른 단백질들이 거기에 색을 입혀요. 머리 뿌리 밑부분에 신경 세포가 연결된 게 보이나요? 그래서 머리카락을 잡아당기면 아픈 거예요.

쌍둥이, 그리고 다른 형제자매

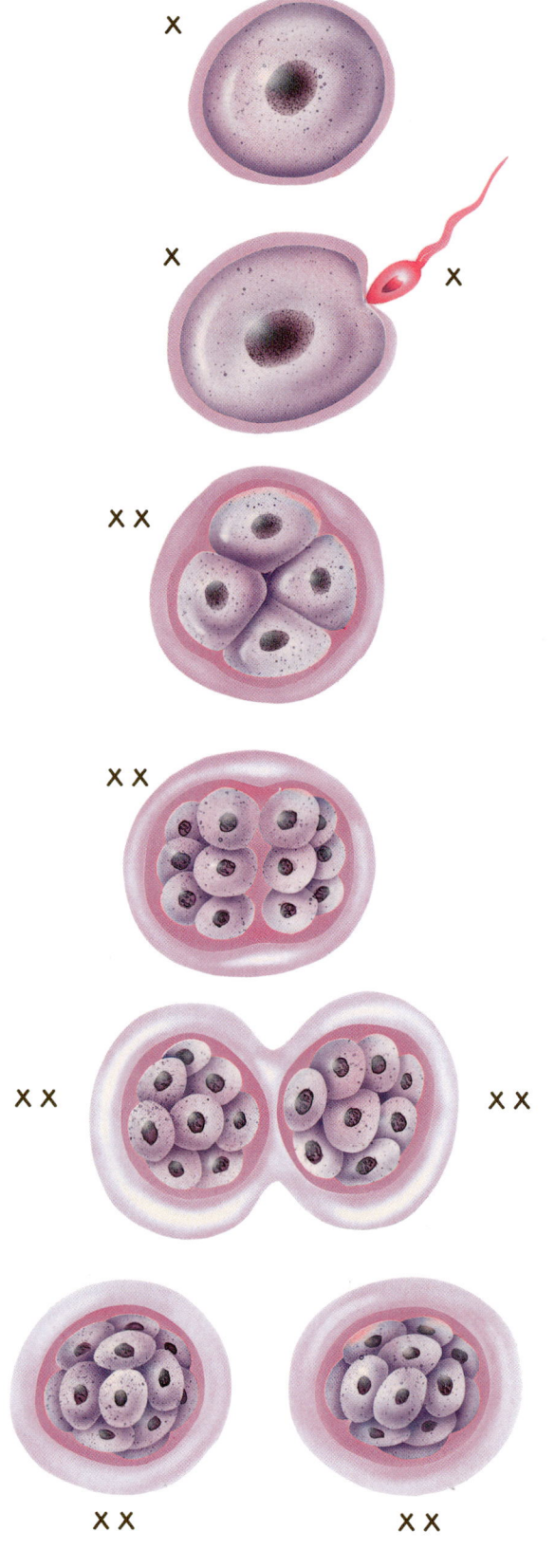

인간이 서로 다른 특징을 지닌 건 유전자 때문이라는 걸 이제는 알겠지요? 우리의 눈과 귀를 만들고 머리 색을 정하고 누구도 흉내 낼 수 없는 목소리를 만드는 데에는 수십 개의 유전자가 관여해요. 음악적 재능처럼 그보다 더 복잡한 일에는 수백 개나 되는 유전자가 일해요. 우리를 특별하게 만드는 것은 모두 우리의 부모, 조부모, 고조부모 등 조상들에게서 물려받은 유전자의 독특한 조합이 이루어낸 결과예요.

그럼 일란성 쌍둥이는요?

일란성 쌍둥이는 100퍼센트 똑같은 유전자를 가졌어요. 똑같은 수정란에서 자랐기 때문이에요. 분열 초기 단계에서 세포 덩어리가 여러 세포를 만들기 전에 절반으로 나눠지면서 쌍둥이가 생기는 거예요. 그래서 일란성 쌍둥이는 유전자가 똑같고 생김새도 구분하기 힘들 정도로 닮았어요. 하지만 쌍둥이도 성격이 달라요. 뇌가 다르게 발달했기 때문이죠.

물론 유전자가 다른 이란성 쌍둥이도 있어요. 서로 다른 수정란에서 자란 것이에요. 생일은 같지만 다르게 생겼어요.

오른쪽은 일란성 여자 쌍둥이가 태어나는 과정을 나타낸 그림이에요. 수정란이 몇 번 분열을 한 뒤에 세포 덩어리가 중간에서 반으로 갈라져요. 동일한 유전자를 가진 배아 2개가 이웃처럼 엄마 자궁에서 함께 자라요.

이란성 쌍둥이가 서로 다른 수정란에서 태어나는 과정을 나타낸 그림이에요. 유전자가 다르기 때문에 겉모습도 달라요. 여자 둘, 남자 둘, 혹은 여자 1명과 남자 1명이 태어날 수 있어요. 정자가 X 염색체를 운반했는지 Y 염색체를 운반했는지에 따라서 달라져요.

유전자가 아파요

인간을 비롯한 모든 생명체는 조합된 유전자 세트 2개를 가져서 얼마나 운이 좋은지 몰라요. 그 덕분에 우리 모두 조금씩 다른 사람이 되니까요. 그리고 거의 모든 유전자를 대체할 수 있는 유전자가 1개씩 더 있잖아요. 하나가 손상되면 다른 하나가 대신해서 할 일을 해요.

그러면 잘못된 유전자가 있어도 걱정 없나요?

보통은 큰 차이가 없어요. 특정한 단백질을 만드는 유전자 중 하나가 제대로 일하지 않으면 단백질을 만들지 않거나 쓸 수 없는 단백질을 만들어요. 그 대신 건강한 유전자가 제대로 일을 해요. 조종사가 비행 중에 몸이 나빠지면 같이 탄 부조종사가 조종을 하는 것처럼 말이에요. 승객들은 아마 조종사가 아픈 줄도 모를걸요? 우리도 결함 유전자를 눈치채지 못해요.

그런데 가끔 나쁜 유전자가 큰일을 벌여요. 예를 들어 우리에게는 몸에서 노폐물을 없애는 단백질이 꼭 필요하고, 그 단백질을 충분히 만들려면 2개의 유전자가 다 일을 해야 해요. 하나라도 잘못되면 세포가 단백질을 필요한 만큼 만들어 내지 못해요. 그러면 아무리 건강한 유전자가 남아 있더라도 아프게 돼요. 가벼운 형태의 유전병이지만 말이에요.

모든 유전자에게 부조종사가 있나요?

안타깝게도 그렇지 않아요. 남자는 X 염색체와 Y 염색체를 가졌다고 말했었지요? X 염색체에는 아주 중요한 유전자들이 들어 있어요. 베이거나 긁혀서 상처가 생겼을 때 피를 멈추게 하는 단백질을 만드는 데 필요한 유전자이지요. 이런 단백질이 없으면 아무리 작은 상처라도 피가 멈추지 않아요. 이 병이 혈우병이에요. 혈우병 환자 중에 남자가 많은 것은 이런 이유 때문이에요.

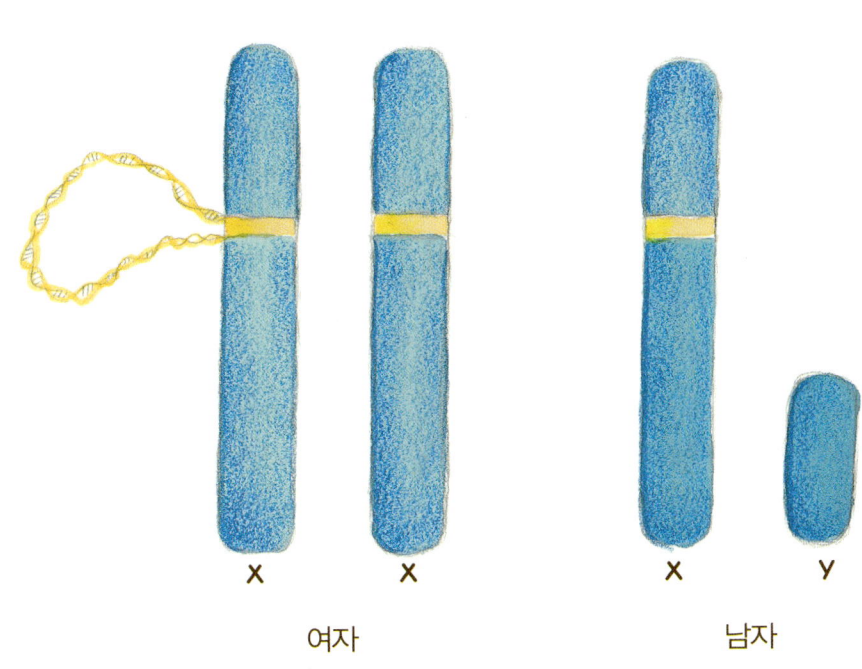

색깔을 구분할 수 있는 유전자는 X 염색체에 있어요. 여자는 X 염색체를 2개 가지고 있어요. 그래서 한쪽 X 염색체에 있는 유전자에 이상이 생겨도 나머지 X 염색체에 똑같은 유전자가 있어서 괜찮아요.
남자는 X 염색체가 1개밖에 없어서 색깔 유전자도 1개밖에 없어요. 이 유전자가 잘못되면 초록색과 빨간색을 구분할 수 없게 돼요.

여자에게는 혈액 응고 유전자가 2개 있기 때문인가요?

맞아요. 여자는 똑같은 유전자가 2개의 X 염색체에 다 있어요. 그래서 유전자 1개가 잘못되면 나머지 유전자가 역할을 대신해요. 하지만 남자는 그럴 수 없어요. Y 염색체에 혈액 응고 유전자가 없기 때문이에요.

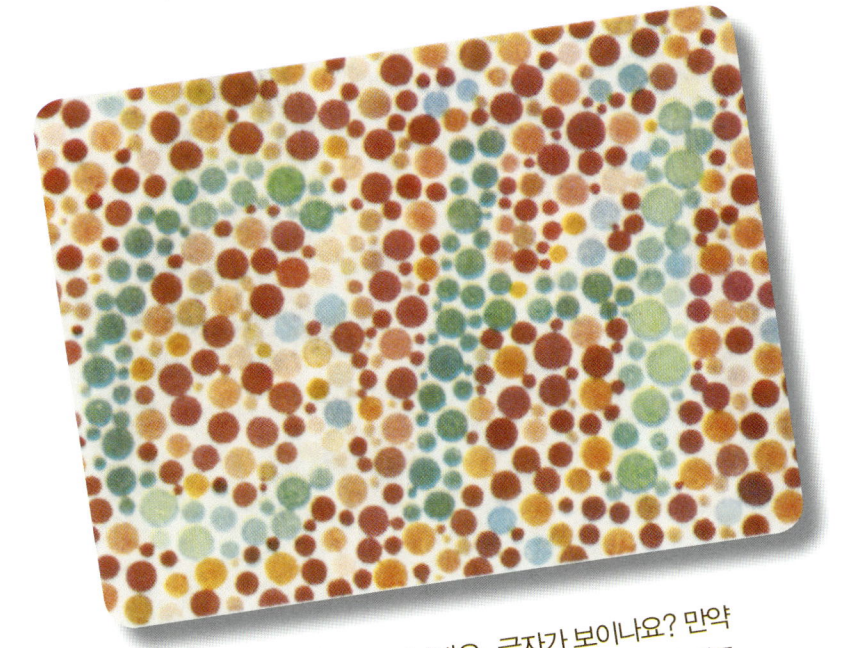

그림을 아주 가까이 들여다봐요. 글자가 보이나요? 만약에 보이지 않는다면 색을 구분하는 데 문제가 있을지도 몰라요. 혹시 친척 중에 색맹인 사람이 있는지 부모님에게 여쭈어보아요.

우리 중에 돌연변이가 있다!

세포는 유전자 글자를 계속해서 복제해요. 그런데도 실수를 많이 하지 않는 걸 보면 놀랍지요? 세포가 큰 실수를 하더라도 똑같은 종류의 세포 수백만 개가 바통을 이어받아 제대로 된 단백질을 만들 수 있어요. 그러니까 큰 문제는 없어요.

그런데 난자와 정자에서 실수가 일어나면 사정이 달라져요. 수정란이 돌연변이된 유전자를 자녀의 모든 세포에 전달하니까요. 생식 세포도 예외가 아니에요. 유전자 돌연변이는 계속해서 후대로 전달될 수 있어요.

그렇게 되면 아이에게는 무슨 일이 일어나나요?

가끔 엄마와 아빠가 똑같은 유전자여도 건강한 유전자와 잘못된 유전자를 가질 때가 있어요. 그러면 자녀는 이 중에 적어도 1개의 건강한 유전자를 물려받을 가능성이 커요. 하지만 최악의 경우에는 아이가 잘못된 유전자 2개를 받을 수도 있어요. 그렇게 되면 엄마 아빠가 다 건강해도 아이는 태어날 때부터 아프거나 자라면서 아플 수 있어요. 잘못된 유전자로 생기는 유전 질환은 수백 가지나 되어요.

그럼 돌연돌연변이는 무조건 나쁜 건가요?

그렇지는 않아요. 사실 우리는 모두 돌연변이예요. 우리 조상들에게서 해가 없는 돌연변이가 엄청나게 많이 일어났어요. 뭉툭한 코, 까만 피부색, 밝은 피부색, 특이한 모양의 귓바퀴 등이 돌연변이의 결과예요. 돌연변이가 되는 건 굉장한 일이에요. 생김새가 모두 다르다는 걸 뜻하니까요. 돌연변이가 일어나지 않았다면 우리는 일란성 쌍둥이처럼 똑같이 생겨서 누가 누구인지 구분하지 못할 거예요.

나쁜 돌연변이도 때로는 도움이 될 때가 있어요. 옆 그림의 둥그런 적혈구가 보이나요? 적혈구에는 산소를 운반하는 단백질인 헤모글로빈이 들어 있어요. 그런데 유전자 글자에 실수가 한 번만 있어도 잘못된 헤모글로빈이 만들어져요. 그러면 세포가 낫 모양으로 만들어져요. 낫 모양의 적혈구는 힘이 더 약해요. 하지만 좋은 점도 있어요. 이런 적혈구를 가진 사람은 위험한 전염병인 말라리아에 잘 걸리지 않아요.

돌연변이가 일어나서 머리카락 대신에 나뭇잎이 자랄 수도 있나요?

재미있는 질문이로군요. 그럴 수는 없어요. 나뭇잎도 세포로 만들어진 것은 사실이에요. 하지만 식물의 유전자와 단백질, 세포는 우리와 아주 다릅니다. 인간의 유전자는 돌연변이를 해도 세포를 식물 세포처럼 일하도록 만들 수 없어요.

흑인 중에 낫 모양의 적혈구를 가진 사람이 많아요. 돌연변이된 적혈구 세포는 정상적인 세포에 비해서 좁은 혈관을 매끄럽게 통과하기 힘들어요. 이런 단점이 있지만 다른 한편으로는 낫 모양 적혈구가 말라리아에 강해요. 그러니까 말라리아가 자주 발생하는 나라에 사는 사람들에게는 오히려 장점이 되지요.

유전자가 다는 아니에요

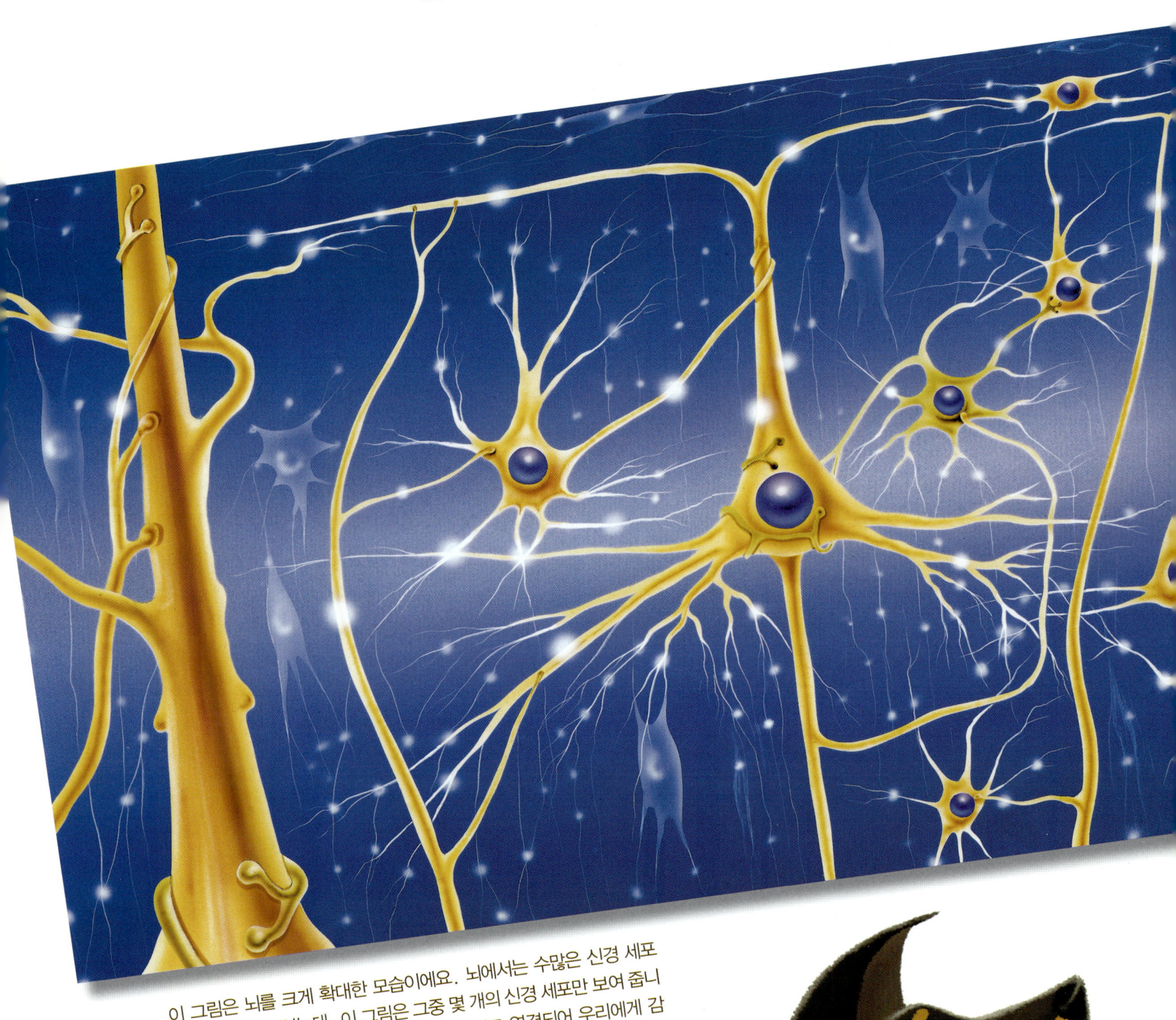

이 그림은 뇌를 크게 확대한 모습이에요. 뇌에서는 수많은 신경 세포가 함께 일하고 있는데, 이 그림은 그중 몇 개의 신경 세포만 보여 줍니다. 신경 세포들은 많은 잔가지를 통해서 서로 연결되어 우리에게 감정을 느끼게 하거나 생각을 하게 하는 메시지 혹은 좋은 아이디어를 떠올리는 메시지를 교환해요.

우리가 물려받은 형질은 유전자에서 비롯되었어요. 하지만 인간은 그 이상의 존재입니다. 일란성 쌍둥이를 생각해 봐요. 똑같은 유전자를 가지고 있고 생김새도 똑같지만 성격은 서로 다르잖아요? 쌍둥이가 아닌 사람들처럼 말이에요. 우리는 저마다 조금씩 다르게 느끼고 생각하고 행동해요. 그것은 우리의 뇌 때문이에요.

뇌가 특별한 이유는 뭐예요?

헤아릴 수 없이 많은 신경 세포가 협동한다는 점이지요. 물론 부모에게서 물려받은 유전자로 신경 세포를 만든 것은 사실이에요. 하지만 유전자는 뇌 속에 있는 신경 세포들에게 어떻게 서로를 연결해야 하는지 명령하지 않아요. 이것이 바로 차이점이에요. 뇌는 생기자마자 바로 완성되는 것이 아니에요. 그래서 사람마다 뇌가 다른 거예요. 뇌를 훈련시키면 우리는 더 똑똑해지고 창조적일 수 있고 서로를 더 잘 이해할 수 있어요. 신경 세포들 사이에 새로운 연결이 더 많이 일어나기 때문이에요.

똑똑하게 만들어 주는 유전자도 있나요?

아니오. 뇌는 아주 복잡해요. 수백 개의 유전자가 함께 일하기 때문에 우리를 똑똑하게 만들어 주고, 우리가 음악이나 수학을 잘 할 수 있게 되는 거예요. 하지만 그보다 더 중요한 것이 있어요. 우리 모두 노력하면 재능을 살리고 더 많은 능력을 기를 수 있다는 것이에요.

이것은 인간만이 할 수 있는 아주 특별한 일이에요. 우리는 스스로에 대해 생각할 수 있는 능력이 있어요. 미래를 위한 계획을 세울 수도 있고요. 작은 난자에서 어떻게 남자 혹은 여자라는 온전한 인간이 태어날 수 있는지도 알아낸 걸요.

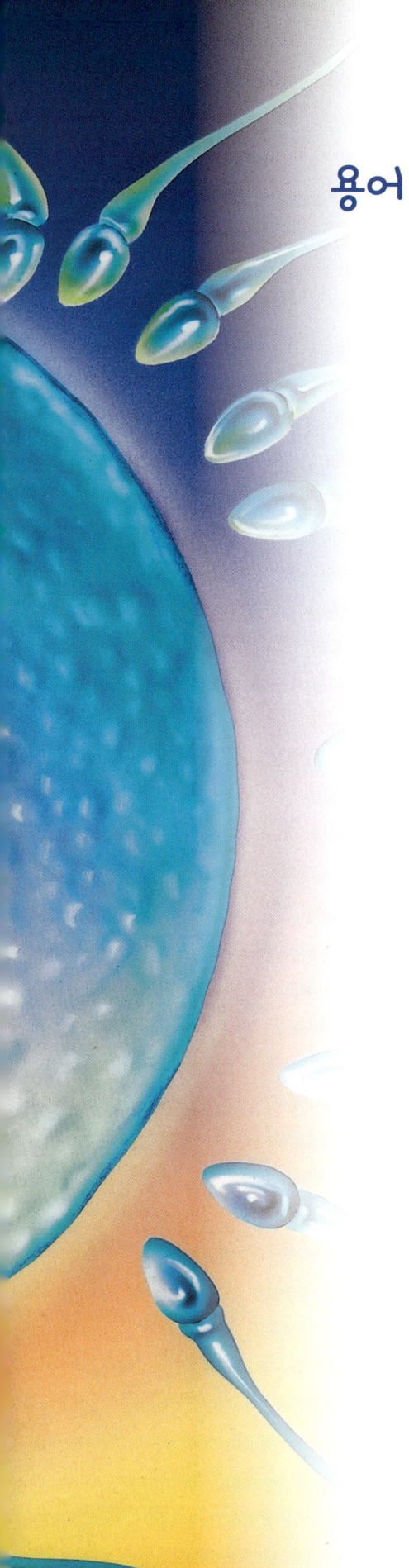

용어 설명

DNA: 데옥시리보 핵산의 줄임말이에요. 유전자는 나선형의 사다리 모양을 한 아주 가는 DNA 가닥 위에 나란히 서 있어요.

mRNA: 유전자 복제본을 리보솜에 배달해요. 리보솜에서 단백질이 만들어져요.

X 염색체: 성을 결정하는 염색체예요. 여자의 세포 안에는 2개의 X염색체가 있어요.

Y 염색체: 성을 결정하는 염색체예요. 뒤집어진 Y자 모양을 한 작은 염색체예요. 남자의 세포에는 1개의 X염색체와 1개의 Y염색체가 들어 있어요.

난자: 염색체가 23개만 들어 있는 세포예요. 분열해서 생명체가 필요로 하는 다양한 세포를 만드는 여성의 난자는 남성의 정자가 있어야 수정될 수 있어요.

뇌: 몸의 중앙 통제 시스템이에요. 뇌는 수십억 개의 신경 세포로 이루어져 있어요. 몸의 거의 모든 부분과 연결된 신경 섬유망을 통해서 메시지를 주고받아요.

뉴클레오타이드: DNA의 기본 단위가 되는 분자예요.

단백질: 세포라는 집을 만드는 벽돌이자 세포가 여러 활동을 하는 데 사용하는 도구예요. 단백질이 세포를 만들고 세포는 유기체를 만들어요. 인간의 몸에서 일하는 단백질에는 10만 종류가 있어요.

대립 형질: 어떤 유전자의 여러 가지 버전을 말해요. 예를 들어 금발 유전자는 검은 머리 유전자가 대립 형질이에요.

리보솜: 세포 안에 있는 작은 공 모양의 리보솜은 단백질을 만들어요.

멜라닌: 피부 세포가 만든 색소예요.

백혈구: 백혈구에는 여러 종류가 있어요. 해로운 병균을 만나면 파괴해요.

돌연변이: 유전자의 철자 실수로 일어나는 변화예요. 돌연변이된 유전자는 대부분 잘못된 것이지만 흥미롭고 유익한 돌연변이도 있어요. 돌연변이된 유전자가 후대에 전해지면서 우리가 주위에서 볼 수 있는 다양한 사람들이 만들어졌어요.

생식 세포: 여성의 난자와 남성의 정자를 가리켜요.

세포: 아주 작은 생명체예요. 수백 종류의 세포가 인간의 몸을 이루고 생명을 유지해 줘요. 세포가 하는 가장 중요한 일은 단백질을 만드는 것이에요. 세포는 에너지를 얻기 위해 양분을 섭취하고 단백질을 쌓을 벽돌을 만들어요.

세포 소기관: 세포핵, 미토콘드리아, 세포 골격, 리보솜, 리소솜 등 세포 안에 떠다니는 요소들이에요.

세포 조직: 함께 뭉쳐 있는 세포로 만들어졌어요.

세포핵: 세포의 중앙에 있는 공 모양의 핵에는 유전자가 들어 있어요.

수정: 남성의 정자가 여성의 난자와 융합하는 현상이에요.

열성 유전자: 단백질을 만드는 데 사용되지 않는 유전자 버전이에요.

염색체: 유전자가 들어 있는 DNA의 포장 상자예요. 사람의 염색체는 23쌍으로 총 46개가 세포핵에 들어 있어요.

우성 유전자: 단백질을 만드는 데 사용되는 유전자 버전이에요.

유기체: 온전한 생명체를 말해요. 세균처럼 세포 1개로 이루어진 것도 있고 동식물이나 인간처럼 수십억 개의 세포로 이루어진 것도 있어요.

유전자: DNA 위에 배열되어 있어요. 세포핵에 저장되어 있는 유전자는 단백질을 만드는 제조법이에요. 유전자마다 수천 개의 암호를 담고 있어요.

일란성 쌍둥이: 정확히 똑같은 유전자를 가진 2명의 클론이에요.

적혈구: 몸 구석구석에 산소를 운반해요.

정자: 염색체를 23개만 가지고 있어요. 남성의 정자는 여성의 난자와 결합해야 난자를 수정시킬 수 있어요.

클론: 서로 똑같은 유전자를 가진 둘 이상의 생명체를 말해요. 일란성 쌍둥이는 자연적으로 만들어진 클론이에요.

피부 세포: 몸의 안과 밖의 표면을 덮는 층을 형성해요.

혈우병: 유전 질환이에요. 혈우병 환자는 상처가 났을 때 피를 멈추는 단백질이 없어요.

헤모글로빈: 산소를 운반할 수 있는 단백질이에요. 적혈구 안에 들어 있지요.

호르몬: 세포가 특정한 방식으로 일하도록 신호를 보내는 물질이에요.

효소: 화학 물질을 결합하거나 분해하는 것을 돕는 단백질이에요.

 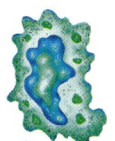  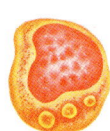 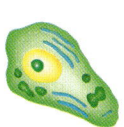 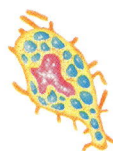 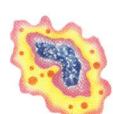

신비로운 X 염색체와 Y 염색체

초판 인쇄 2018년 8월 27일 **초판 발행** 2018년 8월 27일

글쓴이 파트리크 알렉산더 바오이에를레 · 노르베르트 란다
그린이 구스타보 마살리 · 안토니오 무뇨스
옮긴이 권지현

펴낸이 남영하 **편집** 장미연 한경애 **디자인** 박규리 **마케팅** 주영상

종이 세종페이퍼 **인쇄** 미광원색사 **제본** 신안문화사

펴낸곳 ㈜씨드북 **등록** 제2012-000402호
주소 03997 서울시 마포구 월드컵로16길 52-23
전화 02) 739-1666 **팩스** 0303) 0947-4884
홈페이지 www.seedbook.kr **전자우편** seedbook009@naver.com
인스타그램 instagram.com/seedbook_publisher
페이스북 facebook.com/seedbook.kr **카카오스토리** story.kakao.com/seedbook

X AND Y GIRL OR BOY? of BIOEXPLORERS series
Authors: Patrich A. Baeuerle, Ph. D. and Norbert Landa
Illustrations: Gustavo Mazali
Scientific Illustrations: Antonio Muñoz
Copyright © GEMSER PUBLICATIONS S.L.,, Barcelona, Spain, 2017
Korean Translation Copyright © Seedbook Co. Ltd., 2018
All rights reserved.
This Korean edition was published by arrangement with GEMSER PUBLICATIONS S.L.(Barcelona)
through Bestun Korea Agency Co., Seoul.

이 책의 한국어판 저작권은 베스툰 코리아 에이전시를 통해 저작권사와 독점 계약을 맺은 ㈜씨드북에 있습니다.
저작권법에 의해 한국 내에서 보호를 받는 저작물이므로 무단 전재와 무단 복제를 금합니다.

ISBN 979-11-6051-211-3 (77470)
세 트 979-11-6051-201-4

책값은 뒤표지에 있습니다. 잘못 만들어진 책은 구입하신 서점에서 바꾸어 드립니다.

이 도서의 국립중앙도서관 출판예정도서목록(CIP)은 서지정보유통지원시스템 홈페이지(http://seoji.nl.go.kr)와
국가자료공동목록시스템(http://www.nl.go.kr/kolisnet)에서 이용하실 수 있습니다.
(CIP제어번호: CIP2018024882)